इन्तिज़ार नये मौसम का

वाणी प्रकाशन
21-ए, दरियागंज, नई दिल्ली-110002
फोन: 23273167, 23275710
e-mail : vani_prakashan@yahoo.com
vani_prakashan@mantraonline.com

इन्तिज़ार नये मौसम का

नुसरत मोहियोद्दीन

संपादन एवं लिप्यांतरण

स्वाधीन

वाणी प्रकाशन का **लोगो**
विख्यात चित्रकार एम.एफ. हुसेन की
कूची से

ISBN 81-8143-109-X

वाणी प्रकाशन
21-ए, दरियागंज, नयी दिल्ली-110002
द्वारा प्रकाशित

प्रथम संस्करण : 2004

मूल्य : 100.00

शुभम् ऑफसेट, शाहदरा, दिल्ली-110032
में मुद्रित

INTIZAR NAI MAUSAM KA
Edited by : Nusrat Mohiuddin,

समर्पण

नसीरा सुल्ताना (शरीके-हयात)
आयशा सिद्दिक़ा शादां (बेटी)
अस्मा सिद्दिक़ा फ़रहां (बेटी)
और निदा उननसर (नवासी)
के नाम

अनुक्रम

दो शब्द	9
जुनूब (दक्षिण) की नयी आवाज़	11
दाख़िली कैफ़ीयत के इकहरेपन की शायरी	13
नुसरत मोहियोद्दीन की ज़ात का सफ़र	17
गूँज	27
तुलू	28
बादे-माहताब	29
विसाल	30
अजनबी याद	31
सुर्ख़ लहू	32
इन्तिज़ार नये मौसम का	33
सिलसिला	35
देहाती लड़कियाँ	36
सबके सब बिखर जाते हैं	38
दिल की धड़कन	39
ख़्वाब	40
ज़ंजीर	41
तिश्नालबी	42
अलमिया	43
लम्हा-ए-रुख़सत	44
तुम्हें फ़्रेम में आवेज़ा1 देखकर	45
ख़ामोशी में गुफ़्तगू	47

समन्दर का क़र्ब	49
ख़ुशबू	50
अमानत	51
कौन हो	52
आख़िर क्यों	53
मातम-क़दा	54
गीत	57
ग़ज़ल	58
ग़ज़ल	59
ग़ज़ल	60
ग़ज़ल	61
ग़ज़ल	62
ग़ज़ल	63
ग़ज़ल	64
फुटकर शे'र	65
ग़ज़ल के दो शे'र	66
सुर्ख़ सूरज की नज़्म	69
खिड़की	70
उसने कहा था	71
शोर	72
वस्ल	73
स्नोफाल	74
फ़ाख़्ता	75
स्काई लार्क	76
औरत	77
लड़की	78

दो शब्द

कहते हैं कि बड़े-बड़े आलिमों की औलाद इनका बिल्कुल बरअक्स होती है। हिन्दी में इन्हें तंजिया ''पंडित पुत्र'' कहा जाता है। लेकिन कभी-कभी शायद इस हक़ीकत को सच साबित करने के लिए इसे झुठलाया भी जाता है।

नुसरत अपने एक बड़े बाप की ऐसी ही औलाद है, जिसने शायरी में क़दम रखा और अच्छा कलाम कहा है। मख़्दूम ने भी आखिर-आखिर में कुछ-कुछ नज़्में मुरस्आ भी कहीं हैं।

और नुसरत ने यहीं से इप्तेदा की। इसकी सारी नज़्मों में रोमान चुगली खाता नज़र आता है। ''कुछ बातें'', ''कुछ यादें'' और फिर ''खुशबू'' उन्वान बन जाती है।

ऐसे में ''सुर्ख़ लहू'' नुसरत को सारी इन्सानियत में मुश्तेरक़ा नज़र आता है और वो कह उठता है कि इसका अपना ''सुख लहू'' ही सारी इन्सानियत में रवाँ दवाँ हैं। और फिर ऐसे शैर होते हैं–''अब तो है अपने वतन में वो कड़ी धूप के बस/दस्ते गुरबत में सुना छाँव घनी है यारो। ''कैसे मुमकिन है फ़ना कर दें मुझे दारो रसन/ज़िन्दगी तो मेरी गुट्टी में पड़ी है यारो''। दारो रसन से आगे भी जीने वाली शख्सियत नुसरत में बेदार है। और उसकी शायरी में अपनी झलक दिखलाती है। यही ग़ालिबन नुसरत की शायरी के मुस्तक़बिज की तरफ इशारा है।

चमेली का मण्डवा हैदराबाद

–डॉ. राज बहादुर गौड़

जुनूब (दक्षिण) की नयी आवाज़

–मुग़न्नी तबस्सुम

नुसरत मोहियोद्दीन नयी नस्ल के एक उभरते हुए शायर हैं। उन्होंने नज़्मनिगारी[1] में अपनी एक नयी राह निकाली है। उनकी नज़्मों में उमूमन[2] ख़याल की रौ पुरपेच राहों से गुज़र कर एक ग़ैर-मुतवख़ा[3] अंजाम[4] तक पहुँचती है, जो खुशगवार और तहय्यर खेज होता है। नुसरत की नज़्मों की एक और ख़ुसूसियत[5] उनका आहंग[6] है। आज़ाद नज़्मों में बेसाख़्ता रवानी होती है। नस्री नज़्मों में सौती[7] उतार-चढ़ाव से ख़ास लहजा और आहंग उभरता है। नुसरत ने मनाज़िरे फ़ितरत[8] से अपनी अलामतें[9] और इस्तेआरे[10] अग्ज[11] किए और उन्हें गहरी और वसी[12] मानवीयत अता की। जैसे सूरज, धूप, चाँद, चाँदनी, सितारे, शाम, रात, सुबह, दिन, पेड़, शजर, बरगद, साया, सब्ज़ा, गुलाब, ख़ुशबू, जंगल, कोहसार, खेत, मैदान, पत्थर, बगूला, ख़ला, आसमान वगैरा।

नुसरत मोहियोद्दीन अपने महसूसात[13] और तजुर्बात को बराहे रास्त[14] बयान नहीं करते, बल्कि ज्यादातर ईमां और इशारे से काम लेते हैं। कभी किसी पेचीदा ख़्याल को हौलेमुतनाख़िज[15] के ज़रिए गिरिफ़्त में लाते हैं, जिसकी मिसाल उनकी नज़्म 'गूँज' है, जिसमें वालिदे-मरहूम की यादें ये अहसास दिलाती हैं जैसे वो अभी ज़िंदा हैं और तनहाई के ज़हर ने ख़ुद उसे मार डाला है–

फिर क्यों हर शब/तेरे शे/तेरी आवाज़/फ़ज़ा पर छा जाती है/यूँ महसूस हुआ करता है/जैसे तू ज़िंदा है अब तक/और मुझे मौत आई है।

नुसरत की बाज़ नज़्में अफ़सानवीं क़ैफियत रखती हैं। इन नज़्मों को पढ़ते हुए किसी बुखूए या वारदात की मुतहरिक तस्वीरें ज़ेहन में उभरती हैं। ''अजनबी याद'' ''इन्तिज़ार नये मौसम का'' ''दिल की धड़कन'' ''पर गुफ्तगू न हो सकी'' इसी कैफ़ियत की हासिल नज़्में हैं। इस उसलूब की सबसे उम्दा मिसाल उनकी नज़्म ''तुम्हें फ्रेम में आवेज़ा देखकर'' है। नज़्म के बैनुस्सुतूर[16] में इश्क़ की एक

मुकम्मल दास्तान पोशीदा[17] है। 'आशिक है' इस नज़्म में एक कहानी को मोअसर इमाई अंदाज़ में पेश किया गया है।

नुसरत मोहियोद्दीन तरक़्क़ी पसंद मार्क्सवादी शायर हैं। मुल्क की मआशी समाजी और सिपाही सूरतेहाल[18] के अलावा आलमी सियासत पर भी गहरी नज़र रखते हैं। उन्होंने इन मसायल पर अपने ख़याल़ात और महसूसात का इज़हार कहीं बराहे रास्त[19] और कहीं ईशाराती अंदाज़[20] में किया है। "तूलू"[21] इनकी निहायत कामियाब और असर-अंगेज़[22] नज़्म है, जिसमें उन्होंने ये ख़याल पेश किया है कि इंसानियत हमेशा जुल्मो इस्तेबदाद[23] का शिकार रही है और आज भी वही हालात बाक़ी हैं। दर्द के घने जंगल फैले हुए हैं और हर सिम्त/खारदार/घने गुप अँधेरे ग़ार हैं/सूरज कहीं नहीं। आख़िर में वो आरज़ू करता है (ये आरज़ू भी महज़ एक ख़्वाब है) ऐ काश/चंद लम्हों को/बन जाऊँ/आफ़ताब।

नुसरत मोहियोद्दीन की चंद ग़ज़लें भी इस मजमूए में शामिल है। जिन्हें पढ़कर अंदाज़ा होता है कि इस सिन्फ़ में भी वो अपनी एक शनाख़्त क़ायम कर सकते हैं।

नुसरत मोहियोद्दीन शोहरत से हमेशा बेनियाज़ रहे। अपना कलाम बहुत कम रिसालों में छपवाया। मुशायरों और महफ़िलों में भी शिरकत से गुरेज़ाँ रहें। अपने अहबाब और रफ़ीक़ये हयात नसीरा साहिबा के इसरार पर मजमू-ए-कलाम तरतीब दिया। अज़ीज़ी नसीरा ने कई बार मुझसे भी ख़्वाहिश की कि नुसरत को तवज्जो दिलाऊँ।

इय मजमू-ए-की ईशाअत के बाद यक़ीन है कि नुसरत मोहियोद्दीन अपनी शायराना सलाहियतों को आगे बढ़ाएँगे। इस मजमू-ए-की ख़ुसूसियत यह है कि इसकी इशाअत पहले देवनागरी लिपि में हो रही है। इसके बाद इसे उर्दू रस्मुलख़त में भी शाया किया जाएगा। मुझे उम्मीद है कि हिंदी के अदबी हल्कों में इसकी ख़ातिर ख़्वाह पज़ीराई[24] होगी और उर्दू के ऐसे बेशुमार क़ारी जो उर्दू रस्मुलख़त से नाबलद हैं, इस मजमू-ए-कलाम से मुस्तफ़ीद और महज़ूज़ होंगे।

–मुग़न्नी तबस्सुम

3-1-2002

---

1. नज़्म की पद्धति, 2. आमतौर पर, 3. असंभावित, 4. परिणाम, 5. विशेषता, 6. लय, 7. मुक्त छंद, 8. प्रकृति, दृश्य, 9. प्रतीक, 10. रूपक, 11. प्राप्त करना, 12. विस्तृत, 13. अनुभव, 14. प्रत्यक्ष, 15. विरोधाभास, 16. मध्य-रेखा, 17. निहित, 18. वर्तमान, 19. प्रत्यष, 20. संकेतात्मक, 21. उदय, 22. प्रभावशाली, 23. शोषण-अत्याचार, 24. स्वीकृति।

दाख़िली कैफ़ीयत के इकहरेपन की शायरी

शमीम फ़ैजी
संपादक हयात, नयी दिल्ली

फ़ैज़ अहमद फ़ैज़ ने दिल पे गुज़री हज़ार ख़राबी के बावजूद जुनून में गुज़री हुई ज़िंदगी को बकार[1] क़रार दिया था। ज़िंदगी को बकार बनाने वाला यही जुनून नुसरत मोहियोद्दीन में भी है। नुसरत का ये जुनून शऊरी[2] भी है और मौरूसी भी। कम उम्री से ही अवामी तहरीकात[3] से वाबस्तगी ने इस जुनून में शऊरी पुख़्तगी पैदा की। नुसरत का मिज़ाज़ लड़कपन से ही आशिक़ाना है, इसलिए इसके जुनून में रोमानी कैफ़ीयत भी है।

ज़िंदगी के सेहतमंद और तरक़्क़ी पसंद आदर्शों से जुनून की हद तक वाबस्तगी और आशिक़ाना मिज़ाज की ये दो धारे नुसरत की निजी ज़िंदगी में नुमायाँ हैं और इसकी सरगर्मियों और शायरी दोनों को मुतासिर करती हैं।

इंक़लाबियत[4] और मिज़ाज की आशिक़ी का इम्तेज़ाज ज़िंदगी और शायरी दोनों में पेचिदगियाँ पैदा करता है, मगर नुसरत की शख़्सियत में इस इम्तेज़ाज[5] का दूर-दूर तक परतौ[6] नहीं है। इसकी इंक़िलाबियत और आशिक़ी की लहरें एक दूसरे से अलग और कहीं-कहीं मुतसाद्दिम[7] नज़र आती हैं। इनकी नज़्मों और ग़ज़लों में मिज़ाज की आशिकी ग़ालिब उंसुर[8] है। इसकी नज़्में इसी ग़ालिब उंसुर का अक्स[9] और तख़लीक़[10] का फ़ार्म कज़रवी[11] से पाक इंक़लाबी डगर की तरह सीधा और सपाट है।

नुसरत की नज़्में ज़िंदगी के छोटे-छोटे वाक़्यात[12] और हादिसात[13] का फ़ौरी रद्दे अमल[14] हैं। चूँकि वो इस रद्दे अमल पर फ़लसफ़ियाना सोच का लिबादा नहीं डालना चाहता है, इसलिए वो रास्त हैं और नज़्म के पीछे छिपे वाक़्ये की चुग़ली खाती हैं। ये दो मुख़्तसर नज़्में देखिए—

दिल की धड़कन
फोन की घंटी
मेज़ पर मेरे
जब भी बजती है।
ज़ेहन में मेरे
कुछ आवाज़ें
कुछ बातें
कुछ यादें
करवट लेती हैं।

एक दूसरी नज़्म-सीता युद्धवीर के इन्तेखाल पर–

सबके सब बिखर जाते हैं।
आसमानों पर
फैले क़ौसे क़ज़ह के
रंगों में तुझ को देखूँगा
तारों में
दिल में
अपने पाऊँगा
मेरी आँखों में
तेरी आँखें
सच की लौ जलाएँगी
क़दमों के निशाँ तेरे
हम को
इक नयी दिशा दिखाएँगे।

अम्ली[14] ज़िंदगी में नुसरत आज भी मुख़्तलिफ़[15] तहरीकात और तंज़ीमों[16] से वाबस्ता[17] हैं, उर्दू की बक़ा और ताअफ़ुस[18] की तहरीकें इनकी सरगर्मियों का महवर[19] हैं। वो प्रगतिशील लेखक संघ के सरगर्म कारकुनों में से एक हैं। फआल[20] इंसान की ज़िंदगी तनाज़ाआत[21] से मोबर्रा[22] नहीं हो सकती। नुसरत की ज़िंदगी भी मोबर्रा नहीं है। इसके बावजूद ये हक़ीक़त है कि आदर्शों से पासदारी के मामले में वो अटल है। तरक़्क़ी पसंद नज़रिये हयात से वाबस्तगी का इज़्हार वो अपनी

शे'री तख़लीक़ात[23] में भी करते हैं। ये नज़्म देखिए–

सूर्ख़ लहू
कहाँ कहाँ पे क़त्ल करेगा मुझे ये साम्राजी दल
मेरे ख़ून का हर क़तरा
हक़ओ सदाक़त बन के उभरेगा एक दिन
हर इंसा के माथे पर

मैंने इब्तेदा ही में कहा कि नुसरत की ज़िंदगी और शायरी पर पेचीदगी का परतौ नहीं है। यही वजह है कि नज़्मों की तरह इसकी ग़ज़लों और गीतों में भी दाख़िली कैफ़ियत[24] का उंसर ग़ालिब है। वो सीधे सादे अंदाज़ में जो गुज़रती है, इसे रक़म[25] कर देता है। ये चंद शे'र देखिए–

मैं आँख के शीशे में तस्वीर लिये उनकी
बेदार रहा बरसों यादों के उजालों में

शोर शराबा सुकूते जंगल अच्छा लगता है
बाद सफ़र के तेरा आँचल अच्छा लगता है

गुल की सुर्ख़ी आरिज़ों पर छा गई
मय के पैमाने बने जाते हैं वो

कुछ गीत से–

दुःख के सारे बादल अब छँट जाएँगे
राह से अपनी दुश्मन सारे हट जाएँगे
सुर्ख़ सवेरा फिर से हम को लाना है
एक नया ही हिन्दुस्तान बनाना है
जनता के ख्वाबों को सच करवाना है

नज़्म देहाती लड़कियों से चंद मिसरे–

गुनगुनाती मुस्कराती ये देहाती लड़कियाँ
नाज़ से वो झूमती इठलाती मेडों पर वो ख़राम
इक पयामे-ज़िंदगी है आने वाली रुत के नाम
धूप में झुलसे हुए जैसें हों पथरीले शबाब
वो दराती है कि तरशा हुआ सा माहताब
हाथ में बजते वो कंकन कान में वो बालियाँ
गुनगुनाती मुस्कुराती ये देहाती लड़कियाँ

नुसरत की ये पहली काविश है, इसलिए इकहरेपन के बावजूद इसे शख़्सी तजुर्बात[26] और हवादिस दुनिया को लौटाने की सई[27] समझना चाहिए।

---

1. उपयोगी, 2. समझ, 3. जनांदोलनों, 4. क्रांतिकारी, 5. विरोध, 6. प्रभाव, 7. टकराव, 8. प्रासंगिक, 9. परछाई, 10. सृजन, खेमेबाजी, 11. घटनाएँ, 12. दुर्घटनाएँ, 13. प्रतिक्रिया, 14. प्रेक्टिकल, 15. विभिन्न, 16. संस्थाओं, 17. संबद्ध, 18. सुरक्षा, 19. केंद्र, 20. सक्रिय, 21. विवाद, 22. मुक्त, 23. सृजन, 24. आंतरिक चिंता, 25. जूँ का तूँ, 26. वैयक्तिक अनुभव, 27. कोशिश।

नुसरत मोहियोद्दीन की ज़ात का सफ़र

–मज़हर उज़्ज़मा खान/स्वाधीन

दुनिया में बाज़ शख़्सियतें[1] ऐसे छनार दरख़्त[2] की तरह होती है, जिनके साये में बहुत से क़ाफ़िले आ आ कर क़याम[3] करते हैं, लेकिन छनार-दरख़्त ख़ुद अपने साये से महरूम[4] रहते हैं कि वो खुद धूप में जलते हैं लेकिन दूसरों को साया देते हैं, चुनाँचे वो जितने ऊपर फैले हुए होते हैं, इतने ही अंदर भी फैले हुए होते हैं, कि इनकी जड़ें दूर-दूर तक पहुँची हुई होती हैं।

यही हाल मख़्दूम मोहियोद्दीन के फ़र्ज़न्दें अरजुमन[5] नुसरत मोहियोद्दीन का है कि वो छानार दरख़्त की तरह जितने ऊपर फैले हुए हैं, इतने ही अंदर से भी फैले हुए हैं, मसलन सबसे पहले वो हिंदुस्तानी कम्युनिस्ट पार्टी के मेम्बर हुए, फिर इस्टुडेंट फ़्रेडरेशन के नायब सदर भी रहे और आई.टी.आई. की जानिब से पहली हड़ताल करा डाली, जो आंध्र प्रदेश की पहली हड़ताल थी, जो हर तरह से कामियाब रही। इसके अलावा ओल्ड सिटी यूथ के फ़ेस्टिबल के पहले और आख़िरी जनरल सेक्रेटरी भी वही रहे, जिसमें अदाकारा निगार सुल्ताना के साथ राजकुमारी इंदिरा धनराजगीर, नियाज़ हैदर, निगार की बेटी और ख़ुद उनके वालिद मख़्दूम मोहियोद्दीन ने भी शिरकत की थी। बी.वी. गुरुमूर्ति मिनिस्टर ने इसका इफ़्तेता[6] किया था। इसके अलावा वो 1975 में नेशनल कौंसिल बरा-ए-इन्डो सोवियत कल्चरल सोसायटी के मेम्बर भी रहे और उर्दू तहरीक के बानी की हैसियत से उन्होंने एक अज़ीमउशान[7] जुलूस भी अपनी क़ियादत[8] में चारमीनार से असेम्बली तक निकाला।

इस जुलूस में जरनलिस्ट श्री चन्दर श्रीवास्तव, एस.ए. खुदुस (एडवोकेट) के.एम. आटिकोद्दीन (सेक्रेटरी मदीना, एजुकेशनल सोसायटी) एस.के. आफज़लोद्दीन, रज़ा हुसैन 'आज़ाद' अली रज़ा, अज़ीज़ पाशा, ठाकुर हृदयनाथ सिंह, अज़ीज़ अहमद, इलियास बर्नी, शौकत अली, तमारा गौड, विजय लक्ष्मी, परवीन खादर, जलील

पाशा, राम नरसिम्हा राव, तज्ज़मूल अज़हर और बाक़र अब्दुसलाम वगैरा ने बनफ़से नफ़ीस शिरकत की। जैसा कि हम ऊपर अर्ज़ कर चुके हैं कि नुसरत मोहियोद्दीन की जड़ें किसी एक ज़मीन की हद तक ही फैली हुई नहीं है, बल्कि मुख़्तलिफ़ सिम्तों[9] तक एक जाल की तरह फैली हुई है, चुनांचे वो स्टेट बैंक ऑफ़ हैदराबाद स्टॉफ़ यूनियन के मुख़्तलिफ़ ब्रांचस के सेक्रेटरी और सेंट्रल मैनेज़िंग कमेटी के मेम्बर भी कोई तीस साल तक रहे।

स्टेट बैंक ऑफ़ हैदराबाद में उर्दू एसोसिएशन का क़याम भी इन्हीं की वजह से अमल में आया, जिसके ओहदेदारों[10] में ए.एन. माथुर, मोहम्मद अली, मौलाना आज़म अली सूफ़ी शामिल थे। इसका इफ़्तेता मुमताज़ तरक्की पसंद शायर साहिर लुधियानवी ने किया था और इस अदबी इजलास[11] में प्रो. जगन्नाथ आज़ाद ने भी शिरकत की थी। शीरीन विक्टर और मि. आबिदा ने मेहमानों की गुलपोशी की, इस जलसे की सदारत[12] डॉ. राज बहादुर गौड ने की थी, जो खुद अपनी ज़ात में भी एक ऐसी अंजुमन हैं, जिसमें हर तरह की ख़ुशबूएँ फैली हुई हैं कि डॉ. राज बहादुर गौड एक इख़लास[13] का नाम है, एक टूट कर चाहने वाली चीज़ है। इस इजलास की इफ़्तेताइयाँ तक़रीर[14] जनरल सेक्रेटरी सी.एच. ईश्वरराव (एस. बी.एच. स्टाफ असोसिएशन) ने की थी और सदरे अंजुमन आनंद नारायण माथुर थे।

बक़ौल अली सरदार जाफ़री–

इस महफ़िले सदरंग में सौ रंग है मेरे
हर रंग में रक़्सा हूँ गुलिस्ताने-जहाँ में

नुसरत मोहियोद्दीन इस शे'र की नज़ीर है। कार्ल मार्क्स ने इंसानी माशरे[15] को दो तबक़ों में तक़सीम किया है। एक वो जो इस्तेसाल[16] करता है, और दूसरा वो जिसका इस्तेसाल किया जाता है।

नुसरत ने इस्तेसाल करने वालों के ख़िलाफ़ हर वक़्त और हर मौसम में आवाज़ उठाई है। चुनांचे कम्युनिस्ट तहरीक़ात में हिस्सा लेते हुए वो 1963 में अपने वालिदे मोहतरम मख़्दूम मोहियोद्दीन साहब के साथ भूख हड़ताल और बंद की ताईद में एक बेनियाम तलवार बन गए और फिर गिरफ़्तार हुए। इसके अलावा सरकारी ज़मीन की तक़सीम जो ग़रीब किसानों की तहरीक[17] थी, उन्होंने एक ज़ोरदार आवाज़ उठाई, और फिर इसे मंज़िले मक़सूद तक पहुँचा कर ही दम लिया। नुसरत हर तहरीक जो इनके मिज़ाज और हक़ीक़त पर मबनी[18] होती है, इसमें बढ़-चढ़ कर हिस्सा लेते हैं और फिर इसे कामियाबी तक पहुँचा कर ही दम लेते हैं। हमें अच्छा याद है कि नुसरत मोहियोद्दीन की मुसलसिल नुमाइंदगियों[19] और

जद्दोजहद की वजह से पी.जी. यूनिंग कॉलेज का क़याम (निज़ाम कॉलेज) में अमल में आया, उस वक़्त जनाब डी. रामानुजाराव (एक्टिंग वाइस चांसलर उस्मानिया यूनिवर्सिटी) थे, तब पी.जी. कॉलेज के उर्दू मीडियम की जमात में तादाद[20] पुर हो गई थी और सदरे शोब-ए-उर्दू प्रो. महमूद क़ादरी, एम.ए. (उर्दू) की जमातों में मजीद दाख़िले देने के लिए तैयार नहीं थे तो इस सूरते हाल से तालिबे इल्मों में बेचैनी पैदा हो गई थी, तब नुसरत मोहियोद्दीन ने फ़ौरी रामानुजा राव वाइस चांसलर से नुमाइंदगी की, जिस पर वाइस चांसलर ने अपनी ख़ुसूसी इख़्तियारात का इस्तेमाल करते हुए मजीद तालिबे इल्मों[21] को दाख़िले की इजाज़त दे दी, जिसकी वजह से तलबा बिरादरी[22] में ख़ुशी की लहर दौड़ गई और नुसरत मोहियोद्दीन की ख़िदमात को काफ़ी सराहा गया।

उन दिनों तुलबा और नौजवानों की कमेटी बरा-ए-उर्दू की तहरीक भी ज़ोरों पर थी। उर्दू कमेटी के ज़ेरे एहतेमाम "चलो असम्बेली" जुलूस तारीख़ी चार मीनार से निकाला गया, जिसके कन्विनर नुसरत मोहियोद्दीन और वली तनवीर थे। आंध्र प्रदेश की तारीख़ का बहुत बड़ा जुलूस था, जिसको तमाम अदबी और तहज़ीबी अंजुमनों की ताईद[23] हासिल थी। जनाब हबीब उल रहमान और डॉ. हुसैनी शाहिद अंजुमन तरक़्क़ी उर्दू आ.प्र. में भी इस तहरीक को अपनी ताहिद का ऐलान किया। इस जुलूस में शहर के अलावा मुख़्तलिफ़ अज़ला से हज़ारों की तादाद में तेलुगु और उर्दू मीडियम के लड़के और लड़कियाँ इस पुर अम्न जुलूस में शामिल थे। इन्हीं तहरीकों का नतीजा था कि जनाब के ब्रह्मानंद रेड्डी (चीफ़ मिनिस्टर) ने 13 उर्दू मीडियम के जूनियर कॉलेजों के क़याम का ऐलान रियासती असेम्बली में किया था।

जनाब पी.वी. नरसिम्हा राब (चीफ़ मिनिस्टर) के दौरे इक़्तिदार में उन्होंने एक जी.ओ. निकाला था, जिसकी रु से उर्दू दाँ मुलाज़िमीने सरकार मुतासिर[24] हो रहे थे, इस जी.ओ. के ख़िलाफ़ और उर्दू के मसाईल की एक सुई के लिए उर्दू कमेटी ने ग़ैर मोइयन्ना मुद्दत की भूख हड़ताल का ऐलान किया। राम नरसिम्हा राव और तज्ज़मुल अज़हर ने अपनी भूख हड़ताल मुज़रद गाह (मोज़मजाही मार्केट) पर शुरू की। इस तहरीक की क़ियादत भी नुसरत मोहियोद्दीन कर रहे थे। भूख हड़ताल क़रीब एक हफ़्ता चलती रही मगर हुकूमत बातचीत के लिए तैयार नहीं थी, का. के.एल. महेंद्रा, एम.एल.सी. और जनाब सैयद रहमत अली (स्पीकर रियासते असेम्बली आ.प्र.) और नुसरत मोहियोद्दीन की नुमाइंदगी पर चीफ़ मिनिस्टर जनाब पी.वी. नरसिम्हा राव ने सेक्रेटरियट में एक नुमाइंदा वफ़्द से मुलाक़ात की और इस मुलाक़ात में जनाब पी.वी. नरसिम्हा राव (चीफ मिनिस्टर, आंध्र

प्रदेश) ने मोतालेबात[25] को काफ़ी बहस के बाद क़ुबूल किया ओर जी.ओ. को वापस लिया। जैसे ही ये ख़बर आम हुई कि चीफ़ मिनिस्टर ने मोतालिबात क़ुबूल कर लिए हैं, मोख़्तलिफ़ हाई स्कूल और जूनियर कॉलेजों के तुलबा और तालिबात (उर्दू-तेलुगु) मीडियम की एक बड़ी तादाद मुज़र्रदगाह[26] मोजमजाही मार्केट पर जमा होने लगी और उर्दू आर्ट यूनिंग कॉलेज से एक शानदार जुलूस निकाला गया, जिसकी क़ियादत में जे. माधवराव, मुशीरोद्दीन, हामिद शुतारी, मीर अहमद अली खान, मोहियोद्दीन अख़्तर, रफ़ीउज़्ज़मा, मुनीरोद्दीन, बोगस हैदराबादी, रेहाना सुल्ताना, मेराज़ पाशा, मुमताज़ बेगम, चाँद सुल्ताना और रमा देवी ने की। का. के.एल. महेंद्रा ने भूख हड़तालियों को शरबत पिलाकर भूख हड़ताल के इख़्तिताम का ऐलान किया।

उस्मानिया यूनिवर्सिटी से पी.यू.सी. कोर्स को ख़त्म कर दिया जा रहा था, उस वक़्त भी नुसरत मोहियोद्दीन की भरपूर नुमांइदगी एक साल की मजीद तौसी[27] की गई, जिसकी वजह से हज़ारों तालिबे इल्मों को फायदा हुआ। क़ाबिले ज़िक्र बात यह है कि तमाम अवामी तहरीकात नुसरत मोहियोद्दीन ने दौराने मुलाज़िमात ही में चलाते रहे, जो बड़े दिल-गुर्दे की बात है।

इस तरह उन्होंने अदबी ट्रस्ट के अव्वलीन[28] मुशायरे में भी रात-दिन की बेथकान मेहनत की और इसे कामियाबी से हमकनार किया। नुसरत मोहियोद्दीन के इस ज़ौक़े जुनून[29] को निखारने में इक़बाल मतीन, डॉ. हुसैनी शाहिद, डॉ. ज़ीनत साजिदा, डॉ. राजबहादुर गौड, महबूब हुसैन 'जिगर' प्रो. मुग़न्नी तबस्सुम, राज कुमारी इंदिरा धनराजगीर, शाज़ तमकनत, आबिद अली खान, के.एल. महेंद्रा, डॉ. अब्दुल मातान, का. यूसुफ़ रहमान जानी, वगैरा का बहुत बड़ा हिस्सा रहा। चुनांचे उन्होंने उर्दू अदब के बुलंद मिनारों कृष्ण चंदर, साहिर लुधियानवी, अहमद जमाल पाशा, प्रो. जगन्नाथ आज़ाद, फ़ैज़ अहमद फैज़, फ़िराक गोरखपुरी, बलराज साहनी वगैरा से इंटरव्यू भी लिए और मास्को रेडियो से तक़रीरें भी की और दिल्ली कश्मीर रेडियो से भी अपना कलाम सुनाकर दादे तहसीन हासिल की।

नुसरत मोहियोद्दीन ने बेरुन मोमालिक़ का सफ़र भी किया, जिसमें अफ़ग़ानिस्तान, ताशकंद, मास्को, जार्ज़िया लंदन वग़ैरा क़ाबिले जिक्र है। नुसरत मोहियोद्दीन और डॉ. अवधेश रानी एफ्रो एशियन राइटर कांफ्रेंस ने दिल्ली में आंध्र प्रदेश की नुमांदगी भी की थी।

नुसरत मोहियोद्दीन बहुत कम लिखते हैं, लेकिन जब भी लिखते हैं, भरपूर लिखते हैं और उनका कलाम मुल्क़ के मोख़्तलिफ़ रसायल[30] व अख़बारात में शाया होकर मक़बूल हुआ। नुसरत इन सियासी अदबी ज़िंदगी के साथ-साथ एक

उम्दा दोस्त भी है, एक ऐसे दोस्त जो अपने घर के नियाहत अहम कामों को छोड़ कर यारों और प्यारों के कामों को बड़ी अहमियत देते हैं, बल्कि घर के सिवाय अहबाब के कामों में दिलोजान से लुटते रहते हैं और ऐसे लुटते हैं कि ख़ुद उनको अपने लुटने की ख़बर भी नहीं होती कि वो कब और कहाँ-कहाँ और किन-किन दोस्तों के साथ ख़र्च हुए हैं और कितने ख़र्च हुए हैं, क्योंकि दोस्तों पर ख़र्च होने का इनको अहसास तक नहीं होता, अलबत्ता इसका अहसास भाभी (बेगम नुसरत) को ज़रूर होता है मगर वो भी कुछ ऐसी ही हैं कि इन्हें भी नुसरत का इस तरह ख़र्च होना अच्छा लगता है, क्योंकि वो खुदी कहती हैं कि मुझे इस तरह का ख़र्च होना अच्छा लगता है। अब ज़ाहिर है कि जब दोनों ही इस ताल्लुक़ से फ़िराख दिल वाक़ेअ हुए हैं तो भला दुनिया की कोई ताक़त भी इनका क्या बिगाड़ सकती। चुनांचे दुनिया चुपचाप खड़ी इनकी इस बेदरगे खर्च होने वाली हरक़तों और मोहब्बतों को एक खामोश तमाशाई की तरह देख रही है और देख-देख कर शायद तालियाँ भी बजा रही हैं, वर्ना दुनिया तालियाँ बहुत ही कम लोगों पर बजाती है और जब बजाती है तो आसपास के मौसम बेदार हो जाते हैं। चुनांचे नुसरत हर तहरीक में तालियाँ ही हासिल करते हैं और वो इतनी तहरीकों और इतनी तंज़ीमों से वाबस्ता हैं जितने बरगद के दरख्त की शाखें होती हैं, मगर गौतम बुद्ध ने बरगद के दरख़्त के नीचे निर्वाण हासिल किया था और नुसरत शायद बबूल के दरख्त के नीचे ये निर्वाण हासिल किया है।

इसकी मिसाल के लिए यहाँ हम 1995 की 50 साला प्रगतिशील लेखक संघ (उदू) की अखिल भारतीय कांफ्रेंस का जिक्र करेंगे, जिसमें अली सरदार जाफ़री, कैफ़ी आज़मी, क़मर रईस, डॉ. कमाल अहमद सिद्दिकी, जोगेन्दर पाल, प्रो. अखिल रिज़वी, रतन सिंह, प्रो. शीत अख़्तर, प्रो. शारिब रद्दालवी, डॉ. इंतेज़ाकरीन, जाहिदा ज़ैदी, साजिदा ज़ैदी, डॉ. फातिमी, इसरार गांधी बल्कि हिंदुस्तान के हर गोशे से अदीबों और शायरों ने शिरकत की थी, इस छः रोज़ा कांफ्रेंस में जिसका इन्तेताम आंध्र प्रदेश के गर्वनर, श्रीकृष्णकांत ने किया था और महबूब हुसैन जिगर ने सोविनियर की रस्मे इज़रा अंजाम दी थी। नुसरत ने अपने सारे लम्हें इस कांफ्रेंस को कामियाब बनाने में लगा दिए थे। अगर वो अपने इन सारे लम्हों में से एक लम्हा भी अपने किसी ज़ाती काम में सर्फ़ करते तो शायद 50 साला कांफ्रेंस में एक लकीर ज़रूर पड़ जाती। मगर नुसरत ने अपनी तरफ़ से एक लक़ीर भी पड़ने नहीं दी और कांफ्रेंस को कामियाब बनाने में सूरज की तेज़ धूप को पूरी कांफ्रेंस पर फैला दिया, इस तरह हम नुसरत की कई ऐसी महफ़िलों के शाहिद हैं। जैसे जलते हुए चिरागों की इन महफ़िलों में नुसरत बाज़ वक़्त ऐसी सुनहरी

हवाएँ बल्कि तूफ़ान फैलाते हैं और पूरी महफ़िल चमकने-दमकने और बिखरने भी लगती है, क्योंकि चमकना दमकना फिर बिखर जाना भी इन्हें अच्छा लगता है कि यही दुनिया का अमल और दुनिया की ज़िंदगी का मुत्हरीक़ भी है कि वो जमूद के क़ायल नहीं है, चुनांचे मुसलसिल तहरीक ही इनका हासिल है, इसमें इनके मिजाज़ में शरारत के साथ शराफ़त के साथ मोहब्बत का खूबसूरत इम्तेजाज़ भी मिलता है, खुसूसन वो अपनी नवासी निदा से कुछ इस तरह टूट कर बल्कि टूट-फूट कर मोहब्बत करते हैं कि इन्हें अपने जुड़ने का ख्याल तक नहीं रहता, चुनांचे निदा की हर मासूम हरकतों पर वो दिलोजां से फिदा हो जाते हैं और इनकी याने नुसरत की मासूम हरक़तों पर इनकी बेगम नसिरा सुल्ताना और बेटियाँ शादा और आस्माँ दिलोजां से फिदा हो जाती हैं और फिदा होने का ये अमल नुसरत और इनके घर के तमाम अफ़राद के दिलों में बरसों से जारी है, चुनांचे इस दर्दे बला खेज़[31] में ऐसी मोहब्बतें और ऐसी रफ़ाक़तें भला कितने लोगों को नसीब होती हैं।

नुसरत की शायरी के ताल्लुक़ से मुमताज़ शायर सलीम अंसानी के ख़याल पर इस मज़मून को खत्म करते हैं।

"नुसरत मोहियोद्दीन की नज़्मों के मुतायले[32] से अंदाज़ा होता है कि इनके यहाँ जज़्बे की सदाक़त[33], इज़हारोबया[34] की सादगी के इम्तेज़ाज[35] से इक नया जहाँ माने ख़लक़ करने की सलिखामंदी बदर्ज़े उत्तम मौजूद है। इनकी नज़्मों में न तो कोई फलसफ़ा[36] है और न ही कोई पेचीदा अलामती[37] निज़ाम, बल्कि इनकी नज़्में तो महसूसात का एक ऐसा दरिया है, जो इज़हार की सीधी सच्ची हमवार ज़मीनों पर निहायत सुकून के साथ रवाँ दवाँ[38] हैं।

नुसरत मोहियोद्दीन की नज़्मो में माज़ी[39] के तल्खोशीरीं[40] तजुर्बात का अक्स साफ़ तौर पर महसूस किया जाता है, मगर ये नास्तिलिजिया इनकी नज़्मों के कैनवस को महदूद नहीं करता, बल्कि इन्हें अपने ज़ख्मों से रोशनी कशीद करने के अमल में नया विज़न अता करता है।

आज़ाद नस्री नज़्मों को बरसों मातूब[41] करार देने वाले नाक़दीने[42] शे'रो अदब भी अब इस हक़ीकत का एतेराफ़ करने लगे हैं कि तख़्लीक़ी फिक्र और मुशाहेदात[43] के मुकम्मल इज़हार की गुँजाइश इन्हीं असनाफ़े सुखन में मुज़मिर है। इस ऐतबार से नुसरत की नज़्मों को देखें तो अंदाज़ा होता है कि वो अपने जज़्बात व महसूसात की तमामतर तवानाइयों[44] के साथ अपनी नज़्मों में मुन्नक़स होते हैं और इस इल्ज़ाम को ग़लत साबित करने में कामियाब हैं कि आज़ाद नस्री नज़्मों की तख़्लीक़ ग़ज़ल से फ़रार या सहल पसंदी का नतीजा है।

शायरी में नुसरत मोहियोद्दीन की नज़्मों का मर्तबा क्या है, इसका फ़ैसला तो नाक़दीने शे'रो अदब ही करेंगे। हमें तो सिर्फ़ यह कहना है कि अपने दाख़िली कर्बो अहसासात को नज़्मों का पैराहन[15] अता करके इन्हें नये तख़लिक़ी ज़ायकों से आशना करने की पुरखुलूस और ईमानदाराना कोशिश ने नुसरत मोहियोद्दीन को अपने अहद के बेशतर शायरों से मुमताज़ कर दिया है। हमें इनकी शायरी में ब इक वक़्त हिज्रो विसाल, मोहब्बत-ओ-नफ़रत, आँसू और मुस्कुराहट और खुशी और ग़म जैसे फ़ितरी जज़्बों के इज़हार से इक नयी तख़लीक़ी फ़ज़ा का अहसास होता है।

---

1. व्यक्तित्त्व, 2. पेड़, 3. निवास, 4. वंचित, 5. पुत्र, 6. उद्घाटन, 7. बड़े पैमाने पर, 8. नेतृत्व, 9. विभिन्न दिशाओं, 10. अधिकारियों, 11. साहित्यिक संगोष्ठियाँ, 12. अध्यक्ष, 13. प्रेम, 14. भाषण, 15. समाज, 16. शोषण, 17. आंदोलन, 18. आधारित , 19. प्रतिनिधी, 20. संख्या, 21. विद्यार्थी, 22. छात्र परिवार, 23. समर्थन, 24. प्रभावित, 25. माँग, 26. बेचलर क्वार्टर, 27. और विस्तार, 28. प्रारंभिक, 29. दिलचस्पी, 30. पत्रिकाएँ, 31. असह्य पीड़ा, 32. अध्ययन, 33. सच्चाई, 34. अभिव्यक्ति, 35. अंतर, 36. दर्शन, 37. प्रतीकात्मक, 38. प्रवाहमान, 39. अतीत, 40. कड़वे मीठे, 41. प्रतिबंध, 42. समालोचक, 43. तजरूबे, 44. शक्ति, 45. लिबास।

नज़्में

गूँज

दिन से महीने
और फिर बरस़
क्या बीत गए
फिर क्यों हर शब
तनहाई
आँखों से आँसू बनकर बह जाती है।

फिर क्यों हर शब
ज़हर की तल्ख़ी
बढ़ जाती है।
फिर क्यों हर शब
तेरे शे'र
तेरी आवाज़
फ़ज़ा[1] पर छा जाती है।

यूँ महसूस हुआ करता है
जैसे तू ज़िंदा है अब तक
और मुझे मौत आई है।

---

* यह नज़्म मख़्दूम साहब की याद में लिखी गई।

1. वातावरण

तुलू[1]

सदियों से
फिर रहा हूँ
सर ग़श्ता परेशाँ[2]
अतराफ मेरे
दर्द के जंगल
शिकिस्ता ज़िस्म[3]
हर सिम्त
ख़ारदार
घने गुप अँधेरे ग़ार
किरणों की आरज़ू में
सुलगता है मेरा जिस्म
सूरज कहीं नहीं
चारों तरफ
लहू ही लहू
मरघटों की बू
लाशें
चिताएँ
सैकड़ों झुलसे हुए शबाब

लौ दे रहा है
तीराशबी में
बस एक ख़्वाब
ऐ काश
चंद लम्हों को
बन जाऊँ आफ़ताब[4]

---

1. उदय, 2. खोया हुआ, 3. हारा बदन, 4. सूरज।

बादे-माहताब[1]

आँसू तेरे
आहिस्ता आहिस्ता
पैमानों में घुल जाते हैं

तल्ख़ियाँ
तलछट में
रोशनी की मानिन्द बिखर जाती हैं।

प्यास इतनी कि
समन्दर भी पी जाऊँ

आस इतनी कि बस
बादे-सहर[2] की तरह एक लम्हा
उसे छूता हुआ गुज़र जाऊँ।

ऐ मेरी जाने-तनहाई
मेरा अज़्म महकुम[3]
रादा मज़बूत।

मैं साज़िशों से पिघलना जानता ही नहीं

दर्दो-ग़म के अँधेरे
मैं निगल जाऊँगा
शजरे मोहब्बत[2] के साये में
ठहर जाऊँगा।
चाँदनी पी जाऊँगा
चाँदनी पीकर जी जाऊँगा।

---

1. चाँद, 2. सुबह की हवा, 3. पक्का इरादा, 4. प्रेम का पेड

विसाल

तुम मिले थे जब मुझ से
रात के अँधेरे में
एक घोर सन्नाटा
चार सू डराता था।

सुर्ख़ सुर्ख़ होंठों के
लाले-नाब[1] रौशन थे।
तीरगी के सीने में
शम्मा सी जलाते थे।
और बदन की शबनम से
नम सी होती जाती थी
सिलवटें सी चादर की
करवटें सी बिस्तर की।

---

1. माणिक।

अजनबी याद

आँचल से मुझे तेरे
ख़ुशबू-ए-वफ़ा[1] आई
जब जिस्म छुआ मैंने
ली याद ने अंगड़ाई
होंठों के तबस्सुम से
गुंचे से खिले दिल में
इन काँच की आँखों से
नश्तर से चुभे दिल में
ये ज़विये[2] जब बदले
तू और नज़र आई।
मैं थक सा गया हूँ अब
इस रंग बदलने से।
महसूस ये होता है
बहरूप[3] हों ये जैसे।
हरदम मैं यही समझा
तू मेरा फ़साना है
हर वक़्त मैं कहता हूँ
तू मेरी कहानी है।
और लोग ये कहते हैं
तू उनका फ़साना है
तू उनकी कहानी है।

---

1. प्यार की सुगंध, 2. दृष्टिकोण, 3. बहुरुपिया।

सुर्ख़ लहू

लोगो
चेहरे से दुनिया के नक़ाब[1] उलटो।
उसकी आँखों में है फ़रेब[2]
दिल में ज़हर
है बातों में मक्कारी
मैं इन्साँ हूँ
कहाँ कहाँ पे करेगा क़त्ल मुझे
ये साम्राजी दल
मेरे ख़ून का हर क़तरा
हक़ो-सदाक़त[3] बन के उभरेगा एक दिन
हर इन्साँ के माथे पर।
मैं इक ऐसी दुनिया हूँ
जो तक़सीम[4] नहीं होती।
सारे इलाक़े मेरे हैं
जैसे
हर इक रंगो-नस्ल के
इन्साँ में है
सुर्ख़ लहू।

---

1. मुखौटा, 2. छल, 3. अधिकार सच्चाई, 4. विभाजित

इन्तिज़ार नये मौसम का

हसीं शाम है कितनी
हरी हरी रविश[1] पर
रक्साँ है चाँदनी।
होंठों के चाँद
धीरे धीरे
हथेली पर उतरने लगे।
क़ैद कर लूँ
अपनी मुट्ठियों में
उनको
अपने अहसास के
उन लम्हों को
कहीं हाथों से वो
निकल न जाएँ।
और सिर्फ़ याद बन के
रह न जाएँ।
ये कुछ सोच रहा हूँ कब से
रात तो यूँ ही गुज़र जाएगी।
होगी फिर सुबह
नया दिन भी निकल आएगा।
तुम अपने वतन लौट जाओगी
रह जायेंगी बस
तनहाईयाँ
तुम्हारी यादों की
पिनहाईयाँ।
तुम्हारी आवाज़ के नग़में

गूँजेंगे फ़ज़ाओं में
और तुम्हारे बदन की महक
याद दिलाएगी
बहारों की मुझे।
मैं तुम्हारे
ख़्याल में फिर से
बर्फ़ की मानिन्द
जम सा जाऊँगा।
इन्तिज़ार में
एक नये मौसम के।

---

1. हरा-हरा फ़र्श

सिलसिला

घने-घने पेड़
जिनके साये
सुकून-परवर थे।
सोचता हूँ कि
ज़िन्दगी के सफ़र में
सबसे मिला था।
कि जैसे मौसम बदल रहा हो
कि जैसे ख़ुशबू बिखर रही हो
कि जैसे सरगम के
सात सुर गुनगुना रहे हो।
घने-घने पेड़
जिनके साये में
ज्ञान मैंने पाया था।
ध्यान मेरी तक़दीर बन गया था।
मेरी निगाहों के सामने अब
घने-घने पेड़
गिर रहे हैं।
ज़माना आँखों में, ज़ेहन में
दफ़्न होकर
हक़ीक़तों को भुला रहा है।
घने-घने पेड़
जिन के अखुवे उभर रहे हैं।
ये नस्ले-नौ[1] है
चराग़ से यूँ चराग़ जलते रहेंगे।
हम न होंगे।

---

1. नयी नस्ल।

देहाती लड़कियाँ

गुनगुनाती मुस्कुराती ये देहाती लड़कियाँ
गुनगुनाती मुस्कुराती ये देहाती लड़कियाँ
फूल से शादाब[1] चेहरे
साँवले निखरे बदन
हमकलाम[2]-ओ-हमसुख़न
अंखड़ियों में सुर्ख़ डोरे
दूर तक आँचल का रंग
सात रंगों का समाँ
दिखलाये है बादल का रंग
वो खनकती चूड़ियों का शोरे-नाज़ुक
रस भरी वो तालियाँ
गुनगुनाती मुस्कुराती ये देहाती लड़कियाँ...
गुनगुनाती मुस्कुराती ये देहाती लड़कियाँ...
नाज़ से वो झूमती इठलाती मेड़ों पर ख़राम[3]
इक पयामे-ज़िन्दगी है आने वाली रुत के नाम
धूप में झुलसे हुए जैसे हों पथरीले शबाब[4]
वो दराती है कि इक तरशा हुआ सा महताब[5]
हाथ में बजते वो कंगन, कान में वो बालियाँ
गुनगुनाती मुस्कुराती ये देहाती लड़कियाँ...
गुनगुनाती मुस्कुराती ये देहाती लड़कियाँ...
हाय फट पड़ती जवानी का ये कैसा ज़ोर है।
धरती है महकी हुई और मेहनतों का शोर है
आ तेरी ज़ुल्फ़ें[6] सँवारू शौक़ के लम्हात[7] में
ज़िन्दगी गुज़री है मेरी दार की आफ़ात में
कौंधती फिरती हैं हर सूँ[8] इन्क़लाबी बिजलियाँ

गुनगुनाती मुस्कुराती ये देहाती लड़कियाँ...
गुनगुनाती मुस्कुराती ये देहाती लड़कियाँ...

---

1. खुश, 2. साथ-संवादी, 3. चलना, 4. रूप, 5. चाँद, 6. केश, 7. पल, 8. हर दिशा में।

सबके सब बिखर जाते हैं

तुंद तुंद[1] धूप
आग ही आग
चारों तरफ़
ख़ुशबू ही ख़ुशबू।
ख्वाब आरज़ू ज़िन्दगी
सब के सब बिखर जाते हैं।
ख़लाओं में आसमानों पर
फ़ैले क़ौसेक़ज़ा[2] के
रंगों में तुझको
देखूँगा।
तारों में
दिल में अपने पाऊँगा।
मेरी आँखों में
तेरी आँखों में
तेरी आँखें
सच की लौ जलायेंगी।
क़दमों के निशाँ तेरे
हमको
इक नई दिशा दिखायेंगे।

---

1. तेज़-तेज़, 2. इन्द्रधनुष
* सीता युद्धवीर जी के देहान्त पर

दिल की धड़कन

फ़ोन की घंटी
मेज़ पर मेरे
जब भी बजती है
ज़ेहन में
कुछ आवाज़ें
कुछ बातें
कुछ यादें
करवट लेती हैं।
फिर मैं
उन अहसासात के साथ ही
फ़ोन उठाता हूँ।
लेकिन वो आवाज़ नहीं थी
जिसका
रस्ता तकता हूँ
दिल की धड़कन
के रुक जाने तक।

ख़्वाब

अहसास की गुफ़ाओं में
कुछ आहट सी
दिल के कच्चे दरवाज़े पर
कोई दस्तक
सोच के जंगल में
बहुत दूर निकल जाता हूँ।

चाँद दबे पाँव
मेरे दिल में उतर आता है।
चाँदनी की चुभन से
घबरा सा जाता हूँ
और फिर आँख
खुल जाती है।

ज़ंजीर

मुझे छोड़ कर तू कहाँ जाएगी।
हर तरफ़
मेरी यादों के पत्थर जो हैं।
हर जगह मेरी आवाज़ आती तो है।

ख़ाक बहके हुए क़दमों से उड़ती तो है।

ये बगूले
ये पत्थर
ये यादों की पिन्हाईयाँ।

मेरा अहसास
तुझ तक ले आयेंगी।
तू मुझे छोड़ कर
जायेगी तो कहाँ जायेगी
हर तरफ़
मेरी यादों के पत्थर जो हैं।

तिश्नालबी[1]

शबे विसाल[2] के हल्के-हल्के अँधेरे
उजालों को पी जाते हैं।
नीम-बाज़[3] आँखों से
हम जब उफ़क़ को तकते हैं
लाल पीली हरी नीली
चादरें ओढ़ें
नसीमे-सहर जगा देती है।
और कर्ब[4] के समन्दर में
दिलों की मिठास भी घुल जाती है।
और फिर महक उठते हैं
जिस्मों के गुलाब
और टूट जाता है
तिश्नालबी का फ़सूँ[5]।

1. प्यास, 2. मिलन की रात, 3. अधखुली, 4. कष्ट, 5. जादू

अलमिया[1]

अजीब अलमिया है
मेरी ज़िन्दगानी का।
चेहरों की बेनियाज़ी[2] में
चश्मे-नियाज़मंद[3]
तलाश करता हूँ।

---

1. त्रासदी, 2. उपेक्षा, 3. चाहत से देखने वाली आँखें

लम्हा-ए-रुख़सत

उसने कुछ
ऐसे देखा
अपनी पुरनम
आँखों से।
ज़ब्त का दामन
छूट गया हो
जैसे उसके
हाथों से।
दिल मेरा भी भर आया
भर आयीं आँखें भी।
कुछ कहने को लब खोले
उसने अपने
पर लफ़्ज़ ही पत्थर बन से गये।
मैं दूर खड़ा
सन्नाटे में
सुनता ही रहा अनजाने में
उन काँपते लहराते
हाथों का
ख़ामोश तरन्नुम[1]
देर तलक।

---

1. सस्वर

तुम्हें फ़्रेम में आवेज़ा[1] देखकर

बड़ी मुद्दत के बाद
तुम्हारे घर आया हूँ
तुम्हारे हाथों में लम्स की
ताज़गी का अहसास होता है।

वो तमाम चीज़ें
क़रीने से यूँ ही सजी थीं।
दीवारों पर तस्वीरें
जिन में तुम्हारे ससुर की वो तस्वीर
उसी तरह
सन्दली मालाओं में
महक रही थी।
हाँ! अभी तक याद है
तुम्हारा
वो तरन्नुम
वो गीत
जो बारहा सुनाया था तुमने।
कमरे की ख़ुशबू
तुम्हारे वजूद की याद दिलाती है।
आख़िर तुम कहाँ हो?
जैसे मेरे लिए कुछ लाने चली गई हो।
ज्यों ही दालान में क़दम रखा
तुम्हें फ़्रेम में आवेज़ा देखकर
मेरी गर्दन ख़म हो गई
मैं और ब्रिज

ख़ामोश खड़े
आँसुओं के फूल गिराते रहे
बड़ी देर तक।

---

1. मंडित
* अपने अज़ीज़ दोस्त का. ब्रिज की बीवी सरोज माथुर के न रहने पर।

ख़ामोशी में गुफ़्तगू

वो भी देखती रही
मैं भी देखता रहा
धीमी-धीमी रोशनी
ख़ामोशी ही ख़ामोशी
हिनाई[1] ओ हथेलियाँ
निगाहों में मस्तियाँ
फ़ज़ाओं में सरगोशियाँ
वो भी देखती रही
मैं भी देखती रहा।
पर गुफ़्तगू न हो सकी
पर गुफ़्तगू न हो सकी।

चल पड़े अनजान राह पर।
दिल भी है उदास-उदास
चाँद भी है साथ-साथ
वो सरसराती हवाएँ
कार की रफ़्तार से
सफ़र सफ़र हम रहे
ख़्याल में धूप में
बरगदों की छाओं में।
वो भी देखती रही
मैं भी देखता रहा
पर गुफ़्तगू न हो सकी।
पर गुफ़्तगू न हो सकी।
पहाड़ ग़म के मिले

दरिया दर्द के मिले
सूरज पिघल-पिघल गया
धरती चमक-चमक उठी
तुख़ुम[2] ज़मीन फाड़ कर
सर उठाने लगे।
वो भी मुस्करा दिये
मैं भी मुस्करा दिया
आँखों में बस नमी रही।
वो भी देखती रही।
मैं भी देखता रहा।
पर गुफ़्तगू न हो सकी
पर गुफ़्तगू न हो सकी।

---

1. मेहंदी से रची, 2. बीज।

समन्दर का क़र्ब[1]

समन्दर
सीना ताने
खड़ा है।
सूरज को निगल कर
तहज़ीबों को समोकर
अब बूढ़ा हो चुका है।
मुँह से कफ़
थूक-थूक कर
सीना फुलाये–
फिर भी खड़ा है।
बच्चों की रेत पे लिखी
तहरीरों को
मिटा रहा है।
फिर क्यों वो
उनके पैरों पर
सर पटक कर
रो रहा है।

---

1. दर्द

ख़ुशबू

ज़िन्दगी में
इक ऐसा भी वक़्त आया
कि तुम
मेरे पास नहीं थी।
ये अजनबी दुनिया
ये घर
ये दरोदीवार
मुझे आँखें दिखाते हैं।
मेरी हँसी उड़ाते हैं।
एक दर्द-ए-मुस्लसिल से
हर रोज़ गुज़रता हूँ।
तनहाई में
पैमानों से बातें करता हूँ।
बिस्तर की सिलवटें
और मेरा बदन
चाँद खिड़की से
मुझे रुलाता है।

बे कैफ़ी[1] के आलम में
जब भी तेरी
अलमारी खोली
तेरे
कपड़ों की ख़ुशबू में
अपने आप को ही पाता हूँ।

1. अप्रसन्नता
* पत्नी नसीरा की अनुपस्थिति पर।

अमानत

सफ़ेद फूलों की चादर
जमी है आँखों में।
कँवल जैसा बदन
महकता रहा।
मौसम मौसम
आग ही आग
अहसास की।
बिजलियाँ बदन में
छिपाये रखा।
मुद्दतों से
जैसे
इक अमानत हो
घर की दीवारों पर
सब्ज़ा[1] उगने लगा है
धूप ढलने लगी है।

---

1. हरा

कौन हो

कहाँ रहती हो?
कहाँ बसती हो?
मुझे नहीं मालूम
लेकिन आज भी हवाएँ
तुम्हारी ख़ुशबू
मुझ तक ले आती हैं।

आख़िर क्यों

बदन
जंगल
कोहसार
आग
खेत नदी मैदान
पगडंडी से़ होकर
मिट्टी में ही
गुम हो जाते हैं
आख़िर क्यों?

मातम-क़दा

आँचल
बदन
ज़ुल्फ़
रुख़सार[1]
दरीचा
वो ख़ून उगलती सड़कें
खेत मैदान
शहर-शहर
गली-गली
सारे मातम-क़दा बन गये हैं

* अफ़ग़ानिस्तान पर अमेरिकी बमबारी पर।

1. गाल

ग़ज़लें-गीत

गीत

जनता के ख़्वाबों को सच करवाना है।
एक नया ही हिन्दुस्तान बनाना है।
फ़िरक़ा परस्तों का चुंगल है मुँह खोले
अब मज़दूर अगर बोले तो ये बोले
इस चुंगल से जनता को छुड़वाना है।
एक नया ही हिन्दुस्तान बनाना है।
रोशनी झूठी वादे झूठे लीडर के
बातों में अब कोई न आये प्रिडर के
देश को गिरवी रखा ये बतलाना है।
एक नया ही हिन्दुस्तान बनाना है।
ख़ून की होली जिन लोगों ने खिलवाई
बाबरी मस्जिद जिन लोगों ने है ढाई
इन लोगों को अब दूर भगाना है।
एक नया ही हिन्दुस्तान बनाना है।

ग़ज़ल

आँख के तारे बने जाते हैं वो
राह के साये बने जाते हैं वो

शिद्दते-ग़म है मगर रंगीं है रात
चाँद के हाले[1] बने जाते हैं वो

टूटता जाता हूँ हर लम्हे के साथ
राज़दाँ दिल के बने जाते हैं वो

गुल की सुर्ख़ी आरिज़ों[2] पे छा गई
मय के पैमाने बने जाते हैं वो

दूरियाँ याद आ गई 'नुसरत मुझे
पाँव के छाले बने जाते हैं वो

1. घेरे, 2. गालों

ग़ज़ल

हालांकि अँधेरा है अब प्यार की राहों में
कुछ ख़्वाब उभरते हैं महताब[1] की राहों में

गर्दिशे-ज़माने की वो तिश्ना मंज़िल हूँ
बन जाये जो खुद हसरत[2] इन दर्द की राहों में

फिर जख़्म मेरे दिल के कुछ और उभरते हैं
जब बाम प आये वो मस्त अदाओं में

मैं आँख के शीशे में तस्वीर लिये उनकी
बेदार रहा बरसों यादों के उजालों में

---

1. चाँद, 2. तमन्ना

ग़ज़ल

ये दर्द क्या है सर्द फ़ज़ाओं में आज भी
बिखरी है मेरी ज़ात हवाओं में आज भी

ज़ुल्फ़ों के पेंच ओ ख़म में उलझ कर ही रह गया
इक बाँकपन है उनकी अदाओं में आज भी

बिजली सी कौंध जाती है कुछ दिल के आसपास
ये बाज़गश्त क्या है घटाओं में आज भी

किस तरह मेरे ग़म का मदावा[1] करे कोई
उठते हैं किस के हाथ दुआओं में आज भी

हालाते-ज़िन्दगी से तो समझौता कर चले
नुसरत तड़प रहे हैं वफ़ाओं में आज भी

---

1. इलाज

ग़ज़ल

उन अदाओं की याद आती है।
दिलरुबाओं की याद आती है।

बोस-ए-लब से जो किनारा करे
उन हयाओं की याद आती है।

जिन प अक्सर सनम-तराश मरे
उन ख़बाओं की याद आती है।

जिनको मैंने सुना ख़मोशी में
उन निदाओं की याद आती है।

जो अज़ाबों की तरह उतरी थी
उन दुआओं की याद आती है।

जिनको मैं पा सका नहीं 'नुसरत'
उन दुआओं की याद आती है।

ग़ज़ल

इक तेरा दर्द भी क्या जानिये क्या होता है।
फ़िक्र के बहर में तूफ़ान बपा होता है।

आज हैं अहले-चमन अहले-तमाशा यारो
कि सदाक़त का तसव्वुर भी बला होता है।

दूरियों ने मुझे इस तरह सज़ा दी 'नुसरत'
कि यक़ी आज भी इक ख़्वाबनुमा होता है।

ग़ज़ल

वो याद आई उनकी सहर हो गई।
मगर आँख मेरी तो तर हो गई।

उठी थीं जो ग़र्दे-राह में
वही ग़र्दे-रंजे-सफ़र हो गई।

ठिकाना ही क्या उसकी ज़ुल्फ़ों का नुसरत
इधर हो गई या उधर हो गई।

ग़ज़ल

मौत के लब[1] पे तल्ख़ हँसी है यारो
ज़िन्दा रहना भी तो इक ज़िन्दा दिली है यारो

उसके साये में गुज़ारी हैं हज़ारों रातें
इक नमी सी जो इन आँखों में जमी है यारो

मैं तो तुम को कोई इल्ज़ाम[2] नहीं दे सकता
मैंने ये बात तो औरों से सुनी है यारो

अब तो है अपने वतन में वो कड़ी धूप कि बस
दश्ते ग़ुरबत में सुना छाँव घनी है यारो

रास्ते गुम हैं, इन्हें ढूँढ़ने निकलो तो सही
[3]"ज़िन्दगी शम्माँ लिये दर पे खड़ी है यारो"

हाय वो राज़ जो दुनिया से छिपाये मैंने
उसकी सरगोशी बहर हाल सुनी है यारो

ये कैसे मुमकिन है फ़ना कर दें मुझे दारो रसन
ज़िन्दगी तो मेरी घुट्टी में पड़ी है यारो

---

1. होठ, 2. आरोप, 3. यह मिसरा जाँ निसार अख़्तर की एक ग़ज़ल की ज़मीन से।

फुटकर शे'र

काकुले परेशां में कुछ उलझ सा जाता हूँ।
आप नाज़ करता हूँ आप मुस्कुराता हूँ।

कुछ इस तरह से दिल के क़रीब आप हो गये
आँखें खुलीं रहीं भी तो कुछ ख़्वाब बो गये

ग़ज़ल के दो शे'र

जो मौज बनकर उभर रही है, वही ग़मों की नदी है यारो।
अजीब से माहोसाल आये, अजीब सी ये सदी है यारो।

मैं आस्मानों से खुश नहीं हूँ, मैं मेहरबानों से खुश नहीं हूँ
जो दर्दे दिल का मक़ी रहा है, वो मेरे दिल का नबी है यारो

कविताएँ

सुर्ख़ सूरज की नज़्म

कल मेरे बाप ने सुर्ख़[1] सूरज के बारे में
नज़्में[2] कही थी
लोग समझते हैं
उन नज़्मों की मौत हो गई
नहीं जानते, वो नज़्में आज भी ज़िन्दा है
फ़र्क़ इतना है
कल उन नज़्मों के हाथ पाँव आज़ाद थे
उनके दिलों में ख़ौफ़[3] की चिमगादड़ें
बसेरा नहीं करती थीं
आज उन नज़्मों के हाथ पाँव
कटे हुए हैं
उनके दिलों में ख़ौफ़ की चिमगादरों ने
डेरा डाल लिया है।
आज नज़्मों को नज़्में ही क्यों समझते हैं
नज़्में तो टाफ़ियाँ, खिलौने और सहेलियाँ
होती हैं
नज़्में तो बच्चे और बच्चियाँ भी होती हैं।
और उन बच्चे बच्चियों का रंग सफ़ेद नहीं
सुर्ख़ होता है
सुर्ख़ सूरज की मानिन्द।

---

1. लाल, 2. कविताएँ, 3. डर

खिड़की

कोयल की आवाज़ के साथ-साथ
धूप की खिड़की भी खुल जाती है
और बारिश की दुआ माँगने वाले हाथ
मेहँदी से भर जाते हैं।

उसने कहा था

हाय! तुम यकायक मौसिमे गर्मा[1] का सूरज
क्यों लग रहे हो मुझे
उसने कहा था।

तुम! तुम!! तुम!!! तो बिल्कुल
मेरे गीले बालों का हिस्सा बनते जा रहे हो
चलो, अब मौसिमे सर्मा[2] में आना।

मैं तुम्हें ढ़ेर सारे अंगारे
तोहफ़े में दूँगी।

---

1. गर्मी का मौसम, 2. ठंड़ का मौसम

शोर

गुम्बदें गूँजीं
या मेहराब......
शब बहुत दबीज[1] है
और बहुत तवील[2] भी
गूँगी भी है
शोर कैसे सुन सकती है।

1. खुशगवार, 2. लम्बी

वस्ल[1]

मिलती है जब वह मुझ से
यूँही अचानक रात के किसी पहर
किसी लम्हे, एक हया बार आयत[2] के साथ
तो ऊपर
दो बादल एक दूसरे में पेवस्त[3] होकर
धरती को जल थल कर देते हैं।

---

1. मिलन, 2. श्लोक, 3. गुँथकर

स्नोफाल[1]

कभी-कभी वक़्त से
स्नोफाल हो जाता है
उस पुराने मंदिर के पास
लेकिन जो चिनार के दरख़्त हैं
उन पर स्नोफाल का असर ही नहीं होता
सच, क्या वे दरख्त उम्र रसीदा औरतें हैं?
जो अपने सुहाग के पुराने क़िस्सें
भूल चुकी हैं
या इन्होंने वो किस्से पढ़े ही नहीं।

1. हिमपात

फ़ाख़्ता

उसने कहा था
गुलाब पत्तियों की बारिश
शफ़्फ़ाफ़[1] पानी की आवाज़
बहुत ज्यादा मत ढूँढ़ो!
वो खो गयी है
शाम हो गयी है
आओ! घर आ जाओ
मैं तुम्हारी याद में
आसमान के नीचे तन्हा बैठी बैठी
फ़ाख़्ता[2] की तरह काली हो गई हूँ।

---

1. साफ, 2. कबूतर की एक जाति की मादा

स्काई लार्क[1]

स्काई लार्क का गाना सुनकर
तुम्हारे सीने का फूल
कैसा काँटा सा बन जाता है
चुभोता रहता है
कभी उसकी जुल्फ़, होंठ, आहू[2] और...

1. एक गायक का नाम, 2. व्याकुलता

औरत

कितना मिलता जुलता है
मौसिमे बहार[1] का चाँद
उसकी बेबदनी से
पूरी रात गुज़र जाती है...

सुनता रहता हूँ रात के पार भी
उसकी रूह[2] की सुराही में
पानी की आवाज़...

उसकी गर्दन की नीली रंग को
बेदार रखती है
और मेरी भीगी शहरग[3] को
सुलाये रखती है हमेशा।

---

1. बसंत, 2. आत्मा, 3. ......

लड़की

तप रहा था बुरी तरह
उस का जिस्म
पहली बार जब मैंने उसे देखा
भीग रही थी वह
ऊपर से नीचे तक
ज़ाहिर[1] से बातिन[2] तक

दूसरी बार
जब मैंने उसे देखा
फिर कैसे वह धूप में टहल रही थी।

---

1. प्रकट, 2. निहित

नुसरत मोहियोद्दीन

जन्म : सीताराम बाग, हैदराबाद में

शिक्षा : बी.ए. (उस्मानिया विश्वविद्यालय)

स्टेट बैंक ऑफ हैदराबाद में अनेक वर्षों की सेवा के बाद अवकाश प्राप्त।

संप्रति : अनेक ट्रेड यूनियनों से संबद्ध, आंध्र प्रदेश प्रगतिशील लेखक संघ के महासचिव तथा अंजुमन तरक्क़ी उर्दू के संयुक्त सचिव, इंडोपाक मैत्री संगठन के महासचिव, पीस एंड सोलिडारेटी आंध्र प्रदेश के संयुक्त सचिव।

अनेक राष्ट्रीय एवं अंतर्राष्ट्रीय पत्र-पत्रिकाओं में रचनाएँ प्रकाशित। मुशायरों में शिरकत। अनेक देशों की सांस्कृतिक यात्राएँ भी कीं।

संपर्क : उर्दू हाल, हिमायत नगर, हैदराबाद-500029 (आं.प्र.)